BEI GRIN MACHT SICH IHR WISSEN BEZAHLT

- Wir veröffentlichen Ihre Hausarbeit, Bachelor- und Masterarbeit

- Ihr eigenes eBook und Buch - weltweit in allen wichtigen Shops

- Verdienen Sie an jedem Verkauf

Jetzt bei www.GRIN.com hochladen und kostenlos publizieren

Bibliografische Information der Deutschen Nationalbibliothek:

Die Deutsche Bibliothek verzeichnet diese Publikation in der Deutschen National-bibliografie; detaillierte bibliografische Daten sind im Internet über http://dnb.d-nb.de/ abrufbar.

Impressum:

Copyright © 2015 GRIN Verlag
Druck und Bindung: Books on Demand GmbH, Norderstedt Germany
ISBN: 9783346034915

Anonym

Übersicht über Buch 6 der "Zehn Bücher über Architektur" von Vitruv

GRIN Verlag

GRIN - Your knowledge has value

Der GRIN Verlag publiziert seit 1998 wissenschaftliche Arbeiten von Studenten, Hochschullehrern und anderen Akademikern als eBook und gedrucktes Buch. Die Verlagswebsite www.grin.com ist die ideale Plattform zur Veröffentlichung von Hausarbeiten, Abschlussarbeiten, wissenschaftlichen Aufsätzen, Dissertationen und Fachbüchern.

Besuchen Sie uns im Internet:

http://www.grin.com/

http://www.facebook.com/grincom

http://www.twitter.com/grin_com

Vitruv | 6. Buch

Inhalt

Vorwort

Vitruv (Vitruvius Polio), ein römischer Architekt und Theoretiker der spätrepublikanischen Zeit in Rom verfasste im 1. Jahrhundert v. Chr. die „Zehn Bücher über Architektur" und beschrieb in diesen seine Vorgehensweisen und Erfahrungen über gebaute Bauwerke, sowie Handhabungsvorschläge für kommende Gebäude. Diese sogenannten „De Architectura Libri decem" gingen damals als Wegweisende und Unterstützende Bauberichte an den viel bauenden Kaiser Augustus, den Herrscher und Gründer des damaligen römischen Imperiums.[1] Die „Zehn Bücher über Architektur" gelten als die ältesten noch existierenden Werke zur Baukunst. Diese Schriften beeinflussten die Werke von Andrea Palladio oder Michelangelo und wurden in der Renaissance und der klassizistischen Periode angewandt. Auch Leonardo da Vinci richtete sich augenscheinlich nach den Texten der Zehn Bücher über Architektur, da sein „vitruvianischer Mensch" viele Ansätze von Vitruvs Aufzeichnungen enthielt. (Abb. Bild 25) Nach Vitruv musste bei jedem Bau auf drei maßgebliche architekturtheoretische Kategorien besondere Rücksicht gelegt werden. Dabei geht es in „venustas", um die Anmutung eines Bauwerkes. Angaben zur Konstruktion und den Materialien werden mit „Utilitas" und „firmitas" bezeichnet.[2]

In dem ersten Buch der „Zehn Bücher" über Architektur wird deutlich, dass eine hauptsächliche Auseinandersetzung mit Proportionen und Symmetrien vollzogen wird. Dabei ist der Nabel des Menschen der Mittelpunkt und sollte bei einer Verbindung mit einem Zirkel alle ausgestreckten Enden der Gliedmaßen von diesem Punkt aus berühren. Weiter erwähnt er in diesem ersten Buch viele unterschiedliche Elementarkenntnisse, wie die Geometrie, Astronomie, Medizin, Jura, Musik, Geschichte und Philosophie, die ein Architekt beherrschen sollte.[3] Ein Baumeister soll „schreibgewandt" sein, um sein „dauerndes Andenken" begründen zu können.[4]

In dem zweiten Buch behandelt Vitruv die Ursprünge von Gebäuden und die unterschiedlichen Baumaterialien vom Ziegel bis zum Bauholz. Das Dritte und vierte Werk beinhalten Informationen zum Errichten und schmücken von Säulen. Dabei sollte die „Ordnung" in der römischen Republik besonders demonstriert werden, da die Vielfalt der Religionen und die Offenheit der Römer gegenüber fremder Religionen ein Grund für den Verfall der Republik wäre.[5] Im fünften und sechsten Buch werden öffentliche und private

---

[1] Henry Petroski ‚Gefälliger Anblick des Äußeren, epoc, 02/2011, Seite 58 1. Absatz
[2] Hans Joachim Fritz, Vitruv – Architekturtheorie und Machtpolitik in der römischen Antike, Münster, 1995, Seite 57, 2. Absatz
[3] Henry Petroski ‚Gefälliger Anblick des Äußeren, epoc, 02/2011, Seite 63 1. Absatz
[4] http://www.architekturtheorie.eu/archive/download/714/Vitruv.pdf, Seite 6, 3. Absatz
[5] http://www.architekturtheorie.eu/archive/download/714/Vitruv.pdf, Seite 5, letzter Absatz

Gebäude erläutert. Das siebte Werk beschreibt die Farbenkunde und den Innenausbau von Privatgebäuden.

In den letzten drei Schriftstücken werden Wasserversorgung, Astronomie und Uhrenbau, sowie Maschinenbau von Vitruv detailliert geschildert. In dieser Ausarbeitung werden die Inhalte des Sechsten Buches von Vitruv nach den Übersetzungen von Curt Fensterbusch erläutert.

Das Sechste Buch

Vorrede

In der Vorrede des sechsten Buches erwähnt Vitruv einige griechische Philosophen, die seine Grundhaltung zur Architektur wiederspiegeln.

Erster erwähnter Philosoph ist Aristippos, ein griechischer antiker Philosoph der als Schüler von Sokrates gelernt hat. (Abb. Bild 1) Er gibt die Botschaft weiter, dass man seinen Ahnen genug Wegzehrung auf der Schiffsreise mitgeben sollte, damit sie auch eine lange Zeit nach einem Schiffbruch weiter überleben können. Denn den Individuen, denen ein Schicksalsschlag oder Veränderungen politischer Verhältnisse sowie Krieg keinen Schaden zufügen könnten, hätten durch ihren starken Geist die wahre Sicherung des Lebens.

Als zweites wird der griechische Philosoph und Naturforscher Theophrastos (371 v. Chr. Zu Eresos auf der Insel Lesbos; gestorben 287 v. Chr. in Athen) erwähnt. (Abb. Bild 2) Er war Schüler des Aristoteles und Leiter der peripatetischen Schule. Er sagt, dass es besser ist Bildung zu besitzen als auf Geld zu vertrauen. Denn das Erlernte und Geistige wissen kann einem sein ganzes Leben niemand nehmen. Geld, Glück oder allgemeine Werte können in hohem Maße vorhanden, aber auch in kurzer Zeit wieder geschwunden sein.

Der dritte griechische Philosoph ist Epikur. (Abb. Bild 3) Der Begründer des Epikureismus wurde 341 v. Chr. auf Samos geboren und starb zwischen 271 und 270 v. Chr. in Athen. Nach seinem Denken sind Weise nicht vom Glück bestimmt, sondern die wichtigsten Dinge werden von den Gedanken des Geistes gelenkt.

Dichter in griechischer Sprache wie Krates, Chionides, Aristophanes und Alexis hätten auf Bühnen gesprochen, und die These vertreten, dass eine Ausbildung von den Eltern gegeben werden sollte, denn im Geiste verankerte Kenntnisse blieben bis zum Lebensende vorhanden.

Vitruv dankt seinen Eltern, dass sie ihn in Anerkennung an das Gesetz der Athener in der Kunst haben ausbilden lassen. Sein Wissen, ist ihm mehr wert als viele materielle Dinge zu besitzen und er meint, dass die Person die reich ist, nichts von materiellem Reichtum verlangt.

Aus dem Grund, dass viele Menschen reiche Architekten auch gleich als Weise bezeichneten erlangten diese Baumeister einen großen Bekanntheitsgrad, obwohl sie laut Vitruv nicht durch ihre Arbeit- sondern durch ihren Wohlstand glänzten.

Weiter spricht er Cäsar direkt an und sagt, dass er eher auf Reichtum verzichtet und einem guten Ruf treu bleibt.[6] Aus diesem Grund wäre er auch wenig bekannt geworden, da er sich nicht in den Vordergrund stellte.[7]

Weiter ist Vitruv wichtig, dass man nicht für sich selbst wirbt, sondern, dass Arbeit erst dann richtig geschätzt werden kann, wenn man um sie gebeten wird. Meist wurden die Arbeiten an Familienmitglieder weitergegeben. Erst danach wurde geschaut, ob die Baumeister eine gute Ausbildung hatten. Wenn Menschen keine Ausbildung besitzen, sollten diese wenigstens nach einem Lehrbuch vorgehen.[8]

Vitruv schreibt dieses Buch, da für ihn das Bauhandwerk nicht so leicht wie andere Handwerke erkannt werden kann.

Erstes Kapitel

„Über die Berücksichtigung der klimatischen Verhältnisse bei der Anlage von Privatgebäuden"

Als erstes muss das Haus nach Vitruvs Angaben an die unterschiedlichen Längen- und Breitengrade und an die Umgebung und seine klimatischen Bedingungen angepasst werden.

Die Häuser im Norden sollen möglichst geschlossen sein, sich nach warmen Himmelsgegenden ausrichten und die Sonne einfangen. Dies könnte unter anderem durch ein gewölbtes, der Sonne entgegen gerichtetes Dach erreicht werden.

In kälten Landstrichen wird Feuchtigkeit nicht aus dem Haus gesonnt und muss daher genauer berücksichtigt werden. Zusätzlich wird erwähnt, dass die taureiche Luft einen größeren Körperbau und tieferen Ton der Stimme, sowie eine hellere Hautfarbe hervorruft. [9]

Menschen die am Südpol direkt unter der Sonnenbahn wohnen werden durch starke Sonnen-strahlungen mit kürzeren Leibern, dunkler Farbe, krausem Haar, schwarzen Augen und mit

---

[6] Curt Fensterbusch, Zehn Bücher über Architektur, Darmstadt, 1964, Seite 259, Zeile 30-31.
[7] Curt Fensterbusch, Zehn Bücher über Architektur, Darmstadt, 1964, Seite 259, Zeile 32.
[8] Curt Fensterbusch, Zehn Bücher über Architektur, Darmstadt, 1964, Seite 261, Zeile 20.
[9] Curt Fensterbusch, Zehn Bücher über Architektur, Darmstadt, 1964, Seite 263, Zeile 35.

wenig Blut geschaffen und haben laut Vitruv somit eine ängstlichere Haltung. Diese Menschen haben wegen der geringen Höhe zum Weltenraum einen dünneren und hohen Ton.[10]

Mit einem Versuch könne man nach Vitruv beweisen, dass sich der Ton verändert Er spricht dabei von der Benutzung zweier gleicher Tongefäße. Das eine wird unter Wasser gehalten und nach dem Herausziehen gleich wie das trockene Gefäß angestimmt. Das Gefäß, das aus dem Wasser kommt klingt mit einem dunkleren Ton.

Die Luft in südlicheren Gebieten sei leichter und voller Hitze. Deshalb bekommen die Menschen eine hitzigere Sinnesart, welche die Art fördert Anschläge zu tätigen. Tapferkeit hätten die Südländer nicht, da die Sonne die Tugenden des Mutes ausgesogen hat.

Im Norden liegende Völker hätten wegen des größeren Abstandes zwischen ihnen und dem Weltraum und der erhöhten Luftfeuchtigkeit eine tiefere Stimme. Die Menschen wären geistig schwerfällig wie Vitruv am Beispiel einer Schlange erläutert. Diese Reptilien bewegen sich in der Hitze schnell mit hohem Tatendrang, aber in der Winterzeit und Neujahr sind sie durch die Kälte wie erstarrt. In kalten gebieten sind die Menschen eher bereit Kämpfe mit schweren Waffen zu führen. Ihre Tapferkeit und furchtlose Art lässt die nördlichen Völker ohne Überlegungen vorstoßen.

So macht die Hitze den Geist der Menschen scharf, die Kälte ihn dagegen träge.[11]

Durch die Verschiedenheit der Völker finden die Römer ihre Grenzen in der Mitten des Weltalls. Denn nach Vitruvius Polio Aufzeichnungen hat die Bevölkerung in Italien das Perfekte Mischungsverhältnis. Vitruv bezeichnet die Römer so als „Weltbeherrschendes Volk".

Im Hinblick auf die Besonderheiten der Örtlichkeiten und dem Verlauf der Sonne und des Klimas müssen auch die Behausungen gestaltet werden.[12]

---

[10] Curt Fensterbusch, Zehn Bücher über Architektur, Darmstadt, 1964, Seite 265
[11] Curt Fensterbusch, Zehn Bücher über Architektur, Darmstadt, 1964, Seite 267
[12] Curt Fensterbusch, Zehn Bücher über Architektur, Darmstadt, 1964, Seite 269

Zweites Kapitel

„Über die Symmetrien von Privatgebäuden im Allgemeinen"

Nach Vitruvs Aufzeichnungen unterliegt die größte Priorität dem Festlegen der genauen Proportionen eines zukünftigen Bauwerkes. In seinem Anblick darf nichts vermisst werden. Die verschiedenen Blickweisen oder Übersetzungen des menschlichen Gehirns müssen berücksichtigt werden. Denn die Wahrnehmung ist in besonderen Fällen eine verfälschte. Wird ein Ruder unter Wasser gedrückt und von der Wasseroberfläche aus bei seiner Bewegung beobachtet sieht es unter der Wasseroberfläche verbogen aus, aber über dieser wieder gerade.[13]

Allgemein sind aber Abzüge oder Zusätze zu den errechneten Kubaturen erlaubt. Weiter kommt zu den wissenschaftlichen Lehren das angeborene ästhetische Empfinden hinzu.

Die erste Priorität beim Entwerfen eines Symmetrisch korrekten Gebäudes ist die Festlegung des Systems der Symmetrien. Unter Umständen kann dieses aber auch an die äußerlichen Gegebenheiten und Bedürfnisse angepasst werden. (z.B. an den Straßenraum in der Stadt.) Danach werden die Längen und Breitenausdehnungen des Platzes für das zukünftige Gebäude bestimmt. Nach dem Bestimmen der Größe muss das Dekor herausgearbeitet werden. Die Eurythmie des Anblicks darf dabei nicht zweifelhaft erscheinen. Dabei ist das „fehlerfreie Erscheinungsbild eines Gebäudes und seine angemessene Anmutung gemeint.[14]

Drittes Kapitel

„Anlage der Höfe, der Atrien, der Seitengemächer, der Tablinen und Peristyle, der Speisezimmer, der Exhedren und der Gemäldesäle und deren Größenmaßen"

Im ersten Abschnitt im dritten Kapitel geht Vitruv auf die fünf wichtigsten Arten von Hofräumen ein. Der tuskanische-, korintische-, viersäulige-,trauflose,- und überdeckte Hofraum. Bei dem tuskanischen Hof „atrium testudinatum" halten die Balken die in der Breite des Atriums liegen weitere Zwischenbalken und schrägen Kehlrinnen. (Abb. Bild 4-5) Diese Rinnen laufen von den Ecken der Wände an die Ecken der Unterbalken. Durch schräg nach unten gelegte Sparren wird das Wasser in das Compluvium in der Mitte abgeleitet. Bei einer korintischen Konstruktion „atrium corinthicum" werden die Balken und Dachöffnungen wie

---

[13] Curt Fensterbusch, Zehn Bücher über Architektur, Darmstadt, 1964, Seite 271
[14] Günter Fischer, Vitruv NEU oder Was ist Architektur, Gütersloh, 2010, Seite 114

bei einem tuskanischen Hof aufgebaut. (Abb. Bild 6-7) Nur die von den Wänden kommenden Balken werden ringsum auf Säulen gelegt. Viersäulige Hofräume „atrium tetrastylicum" (Abb Bild. 8-9) haben an den Ecken aufgestellte Säulen, die den Balken Festigkeit bieten. Die Balken werden dabei nicht von den Zwischenbalken belastet.[15] In Konstruktionen von trauflosen Höfen „atrium impluviatum" tragen schräg aufwärts gerichtete Dachbalken eine aufwärts gerichtete Wasserauffangfläche. (Abb. Bild 10-11) Das Regenwasser wird so zu den Wänden zurückgeführt. In den Wintermonaten beeinträchtigen die nach oben gerichteten Compluvien die Beleuchtung der Speisesäle nicht. Ein Nachteil dabei ist, dass die Röhren das abfließende Wasser nicht schnell genug aufnehmen können und bei starken Wassermengen überfließen. Dadurch werden das Holzwerk und die Wände stark geschädigt.[16]

Ganz überdeckte Höfe macht man bei geringen Spannweiten, bei denen in den oberen Geschossen geräumiger Wohnraum entsteht. (Abb. Bild 12-13)

Breite und Länge der Atrien formt man nach drei Arten:

Bei der ersten Art der Einteilung teilt man die Länge in 5 Teile und die Breite in 3 Teile. (Abb. Bild. 14) Die nächste Vorgehensweise sagt, dass man die Länge in 3 Teile und die Breite in 2 Teile unterteilen soll.[17] (Abb. Bild 15) Bei der dritten Art zeichnet man über der Breite ein Quadrat und zieht in diesem eine Diagonale, und so lang wie die Diagonale ist, so lang soll das Atrium gemacht werden. (Abb Bild. 16)

Ihre Höhe soll bis zur Balkenunterkante ein Viertel der Länge betragen. Der Rest soll der räumlichen Ausdehnung der Decke und des Daches über den Balken zugeteilt werden. Den Seitenräumen „Alae" rechts und links soll man, wenn die Länge des Atriums von 30 bis 40 Fuß beträgt, ein Drittel davon Breite geben.

Bei 40 bis 50 Fuß teilt man die Länge in dreieinhalb Teile und gebe einen von diesen Teilen der Breite der Alae. Bei 50 bis 60 Fuß, so sollen die Seitenräume ein Viertel der Länge erhalten.

Bei Länge von 60 bis 80 Fuß teile man diese in viereinhalb Teile Einer dieser Größenteile wird den Alae zugesprochen.[18]

[15] Curt Fensterbusch, Zehn Bücher über Architektur, Darmstadt, 1964, Seite 275
[16] Curt Fensterbusch, Zehn Bücher über Architektur, Darmstadt, 1964, Seite 275, 1. Absatz
[17] Curt Fensterbusch, Zehn Bücher über Architektur, Darmstadt, 1964, Seite 275, 2. Absatz
[18] Curt Fensterbusch, Zehn Bücher über Architektur, Darmstadt, 1964, Seite 275, 2. Absatz

Bei Länge von 80 bis 100 Fuß dürfte die in fünf Teile geteilte Länge die richtige Breite der Alae ergeben.

Im Falle eines Tablinums bei dem die Breite des Atriums 20 Fuß beläuft wird ein Drittel davon abgezogen und der Rest wird der Breite des Tablinums zugeordnet. (Abb. Bild 17-18) Wenn die Größe aber 30 – 40 Fuß beträgt wird die Hälfte für die Breite des Tablinums angesetzt. Dieser Vorgang verändert sich auch bei Größen von 40 – 60 Fuß. In diesem Fall teilt man die Breite des Atriums in fünf Teile und legt zwei davon für das Tablinum fest. Die Proportionen müssen so auf die unterschiedlich ausgelegten Gebäude angepasst werden. Bei Missachtung dieser „Vitruvischen Regeln", wie Vitruv selbst beschreibt, könnten die Tablinen und die Alae keinen richtigen Nutzen zugewiesen werden. Würde man nämlich die Symmetrien von kleineren Gebäuden anwenden, dann werden diese Teile unverhältnismäßig groß und kolossal erscheinen. Daher glaubte Vitruv, dass die Größenberechnungen, wie sie im Hinblick auf Zweckmäßigkeit und Wirkung als die passendsten ermittelt sind, Schritt für Schritt zur entsprechenden Gestalt des Bauwerkes optimiert werden müssen..[19]

Bis zum Gebälk soll die Höhe des Tablinums die Breite um ein Achtel überschreiten. Zur Höhe der Deckenfelder fügt man ein Drittel der Breite des Tablinums dazu, damit diese eine Anspruchsvolle Größe vorweisen können.[20]

Bei kleineren Atrien soll von der Breite des Tablinums ein Drittel abzogen werden. Bei größeren Hofräumen die Hälfte. Die Ahnenbilder sollen in ehrfürchtiger Höhe angeordnet werden. Die Höhe soll der Breite der Alae entsprechen.[21] Die Breitenmaße der Türöffnungen sollen den Höhen der Seitenräume entsprechen.

Für die Lichtöffnung der Compluvien (Abb Bild 19) sollen ein Drittel bis ein Viertel der Atriumbreite gelassen werden. Die Länge soll proportional zu der Länge des Atriums gehalten werden.

Die Säulenhöfe (Peristyle) sollen eine quere Ausrichtung haben und 1ein Drittel länger als tief sein. (Abb. Bild 20)

Der Säulengang des Peristyls bestimmt mit seiner Breite die Höhe der Säulen.

Zwischen den Säulen soll ein Abstand von drei bis vier Säulendicken gehalten werden.[22]

Die Triklinen (Speisesäle) sollen doppelt so lang als breit werden.[23] (Abb. Bild 21)

---

[19] Curt Fensterbusch, Zehn Bücher über Architektur, Darmstadt, 1964, Seite 277
[20] Curt Fensterbusch, Zehn Bücher über Architektur, Darmstadt, 1964, Seite 277
[21] Curt Fensterbusch, Zehn Bücher über Architektur, Darmstadt, 1964, Seite 277
[22] Curt Fensterbusch, Zehn Bücher über Architektur, Darmstadt, 1964, Seite 277, 3. Absatz
[23] Curt Fensterbusch, Zehn Bücher über Architektur, Darmstadt, 1964, Seite 277, 3. Absatz

Die Hälfte der Summe der Längen- und Breitenmaße ergibt die Höhe der Langgestreckten Räume. Bei Exhedren und Pinakotheken (Gemäldesäle) oder quadratischen Säulen sollen die Höhen eineinhalbfach der Breite sein. (Abb. Bild 20)

Das Größenverhältnis bei den korinthischen- und den ägyptischen Sälen soll wie bei den Triklinien errechnet werden. Durch die eingestellten Säulen müssen sie aber etwas weiträumiger geplant werden.[24]

Korinthische Säle haben nur eine Reihe von Säulen, die auf einen Sockel, oder auf den Untergrund gestellt sind. Darüber sollen sich Architrave und Gesimse aus Stuck oder Holz befinden. Zusätzlich soll über den Gesimsen eine gewölbte Decke angebracht sein, die einen gedrückten Bogen als Stützfunktion aufweist. [25]

Bei den ägyptischen Sälen liegen über den Säulen Architrave. Über den Architraven ist ein Balkenwerk gelegt, auf dem ein Bretterboden den Untergrund für einen Estrichboden liefert damit ein Umgang unter freiem Himmel gegeben ist. Weiter sind auf dem Architrav Säulen aufzustellen die ein Viertel kleiner als die unteren sind. Zwischen den oberen Säulen werden Fenster integriert, die eine Ähnlichkeit mit Basiliken aufweisen. (Abb. Bild 22)

Kyzikenische Säle bezeichnet Vitruv auch als „nicht übliche" Säle.

Diese haben Flügeltüren in der Mitte, sind nach Norden ausgerichtet und rechts und links befinden sich Fensteröffnungen. Durch diese können Gäste vom Wohnzimmer einen Blick ins Grüne erlangen. Die Höhe der Säle wird mit eineinhalb der Breite angegeben.

Alle Regeln der Symmetrien werden bei diesen Arten von Gebäuden angewandt.

Die Fensteröffnungen können in den meisten Fällen ausgeführt werden. Nur falls die Position des Bauwerks im Straßenraum der Stadt erschwerte Blickbeziehungen zulässt kann der Baumeister von den Symmetrien etwas abziehen oder dazu addieren um den Anforderungen einer optimalen Belichtung und des freien Blickes nach außen gerecht zu werden. Die Symmetrie kann aber bei zwingenden Umständen wie zum Beispiel bei engeren Straßen etwas verändert werden. Die Wirkung sollte allgemein schön sein, aber der Kubatur ähnlich sein.[26]

[24] Curt Fensterbusch, Zehn Bücher über Architektur, Darmstadt, 1964, Seite 279, 1. Absatz
[25] Curt Fensterbusch, Zehn Bücher über Architektur, Darmstadt, 1964, Seite 281
[26] Curt Fensterbusch, Zehn Bücher über Architektur, Darmstadt, 1964, Seite 281

Viertes Kapitel

„Wie man bei der Anlage der einzelnen Räume auf die Himmelsrichtungen Rücksicht nehmen muss"

Himmelsrichtung der Gebäude

Vitrus gibt an, dass Winterspeisezimmer und Bäder gegen Süd-Süd-West ausgerichtet sein sollen, weil man sich des Abendlichts bedienen muss. Im Gegensatz zu heute war die Abendsonne sehr wichtig für die Wärme im Bad. Heutzutage sind die meisten Bäder nach Osten ausgerichtet, um die Morgensonne in das Haus zu lassen. Die Öl- und Gasöfen liefern die benötigte Wärme in den Morgenstunden.

Schlafzimmer und Bibliotheken sollen nach Vitruv gegen Osten gerichtet sein, denn ihre Nutzung erfordert die Morgensonne. Vitruv erläutert dies weiter und meint, dass Bibliotheksräume, die nach Süden und Westen ausgerichtet sind von starker Feuchtigkeit und dem Befall von Bücherwürmern ausgesetzt waren. Die feuchten Winde brächten Bücherwürmer hervor, die sich in diesem Klima optimal fortpflanzen können und die Literatur im Allgemeinen durch ihre Feuchtigkeit schädigen.

Laut Vitruv sollen Frühlings- und Herbstspeisezimmer nach Osten und Sommerspeisezimmer nach Norden ausgerichtet sein. Denn so bleibt das Speisezimmer relativ kühl und die Gesundheit und das Wohlempfinden werden positiv beeinträchtigt.

Malerwerkstätten oder Künstler Ateliers sind nach Norden auszurichten gewesen.

Wichtig dabei ist die immer gleiche Lichtbestrahlung in gleicher Nuance bei der Arbeit. [27]

Moderne Bibliotheken und Ausstellungsgebäude der Neuzeit finden ihre Ausrichtung auch gegen Osten, meist sogar gegen Norden, damit die Literatur oder Kunstobjekte keinem natürlichen Sonnenlicht ausgesetzt sind. Dieses würde durch die wechselnden Temperaturverhältnisse und der steigenden oder sinkenden Luftfeuchtigkeit zu möglichen Dehn- oder Schrumpfungsvorgängen an den Kunstgemälden führen. [28]

---

[27] Curt Fensterbusch, Zehn Bücher über Architektur, Darmstadt, 1964, Seite 283
[28] http://www.kunst-gutachter.de/pflegehinweise-gemaelde.html, 18.02.2015

Fünftes Kapitel

„Über die Anordnung von Räumen für den Privatgebrauch und Anlage der Gebäude nach der sozialen Stellung der Bewohner"

Unter anderem dienen einige Räume der Privatheit der Bewohner oder sind für geladene Gäste vorgesehen. Dazu gehören Speiseräume, Schlafräume und Baderäume.

In die öffentlichen Räume können auch nicht eingeladene Leute aus dem Volk kommen. Das sind zum Beispiel Vorhallen, Peristyle und unterschiedlichste Höfe.

Menschen mit nur durchschnittlichem Vermögen benötigen keine prächtigen Vorhallen, Empfangssäle und Atrien, da sie keine besonderen Empfänge geben müssen, sondern anderen durch ihren Besuch ihre Aufwartung machen.[29]

In Landwirtschaftlichen Bereichen werden Vorhallen, Ställe, Läden, Hauptgebäude, Gewölbe Getreidespeicher, Lagerräume und andere Räumlichkeiten für das Darbieten ländlicher Erzeugnisse erbaut und genutzt. Für Steuerpächter und Geldverleiher müssen ansehnliche, gegen Diebstahl gesicherte, Wohnhäuser gebaut werden. Für Rechtsanwälte und Redner sollen elegantere und geräumigere Behausungen für Zusammenkünfte geplant werden.

Für Personen in Ausübung von Staatsämtern oder Ehrenstellen müssen fürstliche, hohe Vorhallen, sehr weiträumige Atrien und Peristyle, Gartenanlagen und geräumige Spazierwege angelegt werden. Weitere Räume in denen politische Beratungen abgehalten werden oder Gemälde ausgestellt sind wie in Basiliken, Bibliotheken müssen in ähnlicher Weise prunkvoll ausgestattet werden.[30]

Im Gegensatz zu der Stadt werden die Atrien auf dem Land nicht nah bei den Eingangstüren zu finden sein. Zuerst kommen die Peristyle, danach die Atrien und die mit Estrich verkleideten Säulenhallen. Von dort aus hat man den Blick zur Palaestra und zu den Promenaden.[31]

---

[29] Curt Fensterbusch, Zehn Bücher über Architektur, Darmstadt, 1964, Seite 283
[30] Curt Fensterbusch, Zehn Bücher über Architektur, Darmstadt, 1964, Seite 283
[31] Curt Fensterbusch, Zehn Bücher über Architektur, Darmstadt, 1964, Seite 285, 1. Absatz

Sechstes Kapitel

„Über die Anlage ländlicher Gebäude"

Im sechsten Kapitel legt Vitruv fest, dass man die Gegend vorerst auf ihre gesunde Lage hin betrachten soll. Danach sollen Bauerngehöfte, sogenannte Meierhöfe, angelegt werden. (Abb. Bild 23) Diese Hofanlagen waren vor der eigentlichen Nutzung als Wohnraum von einem Verwalter „Meier" gepachtet.[32] Die Größe wird in diesem Fall durch den Ertrag der Feldfrüchte und der Größe des Ackers bestimmt. (Abb. Bild. 24) Die Anzahl und Proportion der Hofräume bestimmt man durch die Anzahl der Tiere und danach wie viel joch Rinder darin verkehren müssen. Die Kochstelle soll an einer möglichst warmen Stelle im Hofraum erbaut werden. Die Krippen der Rinder müssen zum Herd und nach Osten gerichtet werden, damit sie nicht „struppig" werden. Die Breite der Rinderställe soll 7- 15 Fuß betragen. Wegen der Wärme sollen Bäder in enger Verbindung mit der Küche stehen.[33] Eine Ölpresse ist in den meisten Konstellationen als Verbindungsglied zum nördlich gelegenen Weinlagerraum eingesetzt. Wenn Wein nämlich nach einer anderen Seite ausgerichtet ist wird er von der Wärme trübe und wirkungslos. Damit das Öl flüssig gehalten werden kann sollen Vorratsräume südlich angelegt sein. Für eine Nutzung einer Kelterpresse muss der Raum wegen der Hebelstange mindestens 40 Fuß lang und 16 Fuß breit sein.[34] Um mögliche Schäden wie den Befall von Würmern auf das Getreide zu verhindern soll sich die Position von den Getreidespeichern erhöht und nach Norden ausgerichtet werden. Pferdeställe sollen sich in der Nähe der wärmsten Stelle befinden, aber weit genug entfernt von dem Ofen, da das Fell der Zugtiere „struppig" werden kann. Nach Osten ausgerichtete Krippen für die Rinder fördern durch die morgendlichen Sonnenstrahlen ein glänzendes Fell. Wegen einer eventuellen Brandgefahr sollen die Backstuben, die Vorratsräume und die Scheunen für Futter und Heu außerhalb der Bauerngehöfte angelegt werden.[35] Alle Gebäude sollen mit ausreichend Sonnenlicht versorgt sein. Dies geht auf dem Dorf leichter, da in der Stadt die Häuser nah aneinander gebaut sind oder hohe Mauern und enge Gassen eine freie Bauweise erschweren. An den Stellen von denen aus man ungehindert den Himmel sehen kann müssen Fensteröffnungen gelassen werden.[36] Das meiste Licht wird in den Erschließungswegen und Esszimmern benötigt.

---

[32] Krünitz 1802, Bd. 87; vgl. Schütte 1984, S. 221 ff.
[33] Curt Fensterbusch, Zehn Bücher über Architektur, Darmstadt, 1964, Seite 285, 2. Absatz
[34] Curt Fensterbusch, Zehn Bücher über Architektur, Darmstadt, 1964, Seite 287, 1. Absatz
[35] Curt Fensterbusch, Zehn Bücher über Architektur, Darmstadt, 1964, Seite 287, Zeile 35-42
[36] Curt Fensterbusch, Zehn Bücher über Architektur, Darmstadt, 1964, Seite 289, 1. Absatz

Siebtes Kapitel

„Von den griechischen Wohnhäusern und ihrer Anordnung"

Nach den Aussagen von Vitruv pflegen die Griechen ihre Häuser ohne Atrien zu bauen. Am Anfang des Gebäudes entsteht ein schmaler Gang über den sich Pferdeställe und Wohnräume für Pförtner erschließen lassen. Hinter weiteren Türen, die einen inneren Abschluss bilden folgt der Eingang zum Peristyl. Durch die Säulengänge kommt man zu der Vorhalle (Prostas), mit den seitlichen Schlafräumen (Thalamus und Amphitalamus). Rings um die Säulenhallen werden Frauenwohnungen (Gynaekonitis) mit Schlafzimmer, Speisezimmer und Gesinderaum angelegt. Die sich anschließenden stattlichen Peristlye haben vier Säulengänge, von denen der eine nach Süden liegende mit höheren Säulen gebaut wird. Das erwähnte Peristyl mit einem höheren Säulengang nennt man „rhodisch".[37] Zur Straße hin befinden sich prächtige Türen an den Vorhallen. Die Säulenhallen der Höfe sind mit Stuck verziert, haben geschnitzte Deckenfelder und bemalten Putz. An den nördlichen Säulenhallen befinden sich Gemälderäume und kyzikenische Speisesäle. Im Osten gliedern sich Bibliotheken, im Westen Exhedren an. Nach Süden sind quadratische Säle ausgerichtet in denen Gastmähler für Männer stattfinden sollten. Durch ihre enorme Größe, die vier Triklinien beinhalten könnte, wurde viel Platz für Diener und Schauspieler geschaffen. Die Säulenhallen des Hauses, die ausschließlich für die Männer zugänglich sind, werden Andronitides genannt. Damit die Gäste nicht in den Peristylen, sondern direkt in den Gastwohnungen aufgenommen werden können wurden seitlich Speise- und Schlafräume gebaut und mit Speisekammern und Speisevorrat ausgestattet, da die Griechen großen Reichtum besaßen und diesen auch gerne für Besucher darboten. Mit „Xenia" wurden die Gemälde bezeichnet, die das Mahl der Gäste darstellten. Dies bestand oft aus Hühnchen, Eiern Obst und Gemüse.[38]

---

[37] Curt Fensterbusch, Zehn Bücher über Architektur, Darmstadt, 1964, Seite 291, 1. Absatz
[38] Curt Fensterbusch, Zehn Bücher über Architektur, Darmstadt, 1964, Seite 293, 2. Absatz
[39] Curt Fensterbusch, Zehn Bücher über Architektur, Darmstadt, 1964, Seite 297, 2. Absatz

Achtes Kapitel

„Von unterirdischen Räumen, Gewölben und auf Pfeilern errichteten Gebäuden"

Laut Vitruv werden Gebäude die nicht Unterkellert sind viel länger bestehen als Räume bei denen dies der Fall ist.39 Falls man doch Gewölbe anlegt muss der Grundbau massiver und fester gebaut werden als die Mauern in den oberen Stockwerken. Säulen, Pfeiler und Wände müssen senkrecht auf die Mitte des Grundbaus gestellt werden damit eine feste Verbindung zum Boden gegeben ist. Zusätzliches Anbringen von Pfosten an den Pfeilern und Anten verhindern die Durchbiegung derer bei hohen Belastungen. Entlastungsbögen mit keilförmig geschnittenen Steinen werden in der Mitte der Bögen ausgerichtet und vermindern die Last der Wände. Die Eckpfeiler sollten breiter angelegt werden, damit sie die keilförmigen Bogensteine zusammenhalten und dadurch den Bauwerken Festigkeit verleihen. Besondere Planung muss bei dem Erbauen der Unterkonstruktion mit Erdausfüllung beachtet werden, da diese im Winter aus den Regenfällen eine Menge Wasser aufnehmen kann, schwerer und Umfangreicher wird und die Mauereinfassung nach außen drückt. Die Dicke der Umfassungsmauer muss somit durch die Dicke der Masse der Erdausfüllung bestimmt werden. An den Außenseiten der Umfassungsmauer werden Strebepfeiler oder Gegenstützen errichtet. Diese sollen so dick wie die Grundmauer und so weit voneinander entfernt sein, wie die Grundmauer hoch sein wird. Nach innen sollen außerdem verbundene Vorsprünge nach Art einer Säge gebaut werden, die gegen die Erdmasse drücken. Somit wird der Druck auf die Grundmauer verteilt. [40]

Wie im ersten Buch erwähnt liegt es nicht nur in der Macht des Baumeisters die Baustoffe auszusuchen. Der Bauherr entscheidet mit welchem Mauerwerk oder Stein gearbeitet wird, da man sich auch mit den vorhandenen Rohstoffen im Umkreis auseinandersetzen muss.

Wichtig für die Beurteilung aller Bauwerke, ist nach der Übersetzung von Fensterbusch: „die handwerkliche Arbeit, die großzügige Ausstattung und die architektonische Durchbildung. Betrachtet man das Bauwerk nach der Bestimmung des Bauherrn so wird man den Aufwand loben, ist es sauber ausgeführt wird man die gute Arbeit des Werkmeisters anerkennen. Wirkt es aber anmutig durch seine Proportionen, dann wird der Ruhm dem Architekten gehören." [41]

Nach Vitruv kann gutes Aussehen eines Gebäudes auch ein Laie erkennen. Der Architekt aber, kann sich von Beginn des Bauprojektes eine genaue Vorstellung machen wie die spätere Anmutung mit ihrer Verwendung- und Zweckmäßigkeit sein wird. [42]

---

[40] Curt Fensterbusch, Zehn Bücher über Architektur, Darmstadt, 1964, Seite 299, 2. Absatz
[41] Zitat: Curt Fensterbusch, Zehn Bücher über Architektur, Darmstadt, 1964, Seite 299, 2. Absatz, Zeile 23-24.
[42] Curt Fensterbusch, Zehn Bücher über Architektur, Darmstadt, 1964, Seite 299, 2. Absatz

Fazit

Vitruv hat uns mit seinen Zehn Büchern über die Architektur eine umfassende Zusammenstellung hinterlassen, die auch heute noch auf die verschiedensten Bauarten angewendet werde kann. Sicher schrieb er diese Werke mit der Intention seinen Bekanntheitsgrad und Anerkennung in der damaligen und der Zukünftigen Zeit zu stärken und zu erweitern, aber ob er dies tat, weil er kein attraktives Aussehen und die erhoffte Gesundheit hatte ist nicht klar aus den Texten von Fensterbusch und Fischer herauszulesen.[43]

Seine Größe und sein zunehmendes Alter erschwerte ihm zumindest selbst Bauwerke weiter auszuführen. Dies ist bei den vier Büchern über Architektur von Andrea Palladio, die im Jahre 1570[44] gedruckt wurden anders. Er baute zahlreiche Bauwerke nach und erklärte anhand dieser seine Bauweisen und Vorgehensweisen. Dabei stellt er seine eigene Bauart wie er sie sich vollkommen vorstellte in den Vordergrund und kompromisslos dar.

Vitruv wollte sicherlich einige bauliche Situationen und Umstände verbessern, da nach seinen Aussagen viele ungelehrte Arbeiter Bauaufträge ausführten. Mit seinen Werken zur Architektur stand diesen Arbeitern somit ein nach seiner Meinung sinnvolles Lehrbuch zur Hand. Wenn die Laien diese Ratschläge befolgten müssten die meisten Bauwerke zur vollen Zufriedenheit ausgeführt werden. Allgemein versucht Vitruv mit der Grundlage eines Lehrbuches zur Architektur das Qualifikationsniveau seines Berufsstandes zu erhöhen. Denn er selbst war damals nicht in der Position bedeutende Aufträge zu erhalten, da ihm die Beziehungen für fremde Bauprojekte und das nötige Kapital für eigene Bauwerke fehlte. Der Kontakt mit Kaiser Augustus und das hervorheben des römischen Volkes als „Welt beherrschende" Rasse, die im optimalen Mittelpunkt der Erde liegt lässt vermuten, dass er dadurch seinen Beliebtheitsgrad zu steigern versuchte. Die Maß- und Proportionsregeln von Vitruv inspirierten Zahlreiche Baumeister. Leonardo Da Vinci entwarf anhand dieser Informationen im Jahre 1490 den „Vitruvianische Menschen". (Abb. Bild. 25) Le Corbusier erweiterte diesen Gedanken im Jahre 1942 – 1955 mit dem Proportionssystems des Modulors.

---

[43] Günter Fischer, Vitruv NEU oder Was ist Architektur, Gütersloh, 2010, Seite 31, 1. Absatz
[44] http://www.visitpalladio.com/de/node/426/vier-buecher-zur-architektur, 18.02.2015

Literaturverzeichnis

Curt Fensterbusch, Zehn Bücher über Architektur, Darmstadt, 1964

Henry Petroski ,Gefälliger Anblick des Äußeren, epoc, 02/2011

Hans-Joachim Fritz, Vitruv – Architekturtheorie und Machtpolitik in der römischen Antike, Münster, 1995

Günter Fischer, Vitruv NEU oder Was ist Architektur, Gütersloh, 2010

Internet- Verzeichnis

http://www.denkmalpflegehessen.de/LFDH4_Publikationen/Veroffentlichungen/Ausgabe_1_2_96/Gutshof_Br uckfeld/gutshof_bruckfeld.html, 18.02.2015

http://upload.wikimedia.org/wikipedia/commons/9/97/ScheesselMeyerhof.jpg, 18.02.2015

http://www.gruppenreisen-klassenfahrten-rom.de/fotos/rom/basilica-sankt-paul-vor-den-mauern/rom-kirche-basilica-sankt-paul-vor-den-mauern-1202-gruppenreisen-klassenfahrten-rom-de-1201.JPG, 18.02.2015

http://www.roman-empire.net/society/soc-house.html, 18.02.2015

http://de.academic.ru/dic.nsf/dewiki/1092194, 18.02.2015

http://www.pompeii.co.uk/CDROM/VETTII/320/6.JPG, 18.02.2015

http://www.pictokon.net/bilder/02-2009-bilder/rom-roemer-roemisches-reich-bilder-22-grundriss-roemisches-wohnhaus-atrium-tablinum-hortus.html, 18.02.2015

http://upload.wikimedia.org/wikipedia/commons/thumb/2/23/PompejiHaus.jpg/220px-PompejiHaus.jpg, 18.02.2015

http://www.ancientworlds.net/aw/HomesiteRoom/122413, 18.02.2015

http://imperiumromanum.com/geografie/staedte/pompeii_wohnhaeuser_01.htm, 18.02.2015

http://en.wikipedia.org/wiki/Baigneux-les-Juifs#mediaviewer/File:Baigneux-les-Juifs_-_Lavoir_2.jpg, 18.02.2015

http://de.wikipedia.org/wiki/Atrium_%28Architektur%29#mediaviewer/File:Atrium_impluviatumum.png, 18.02.2015

http://www.stilus.nl/oudheid/wdo/GEO/S/PLAATJES/STABATRI.html, 18.02.2015

http://de.wikipedia.org/wiki/Atrium_%28Architektur%29#mediaviewer/File:Atrium_tetrastylicum.png, 18.02.2015

http://de.wikipedia.org/wiki/Atrium_%28Architektur%29#mediaviewer/File:Vaison-la-Romaine_-_Atrium.JPG, 18.02.2015

http://de.wikipedia.org/wiki/Atrium_%28Architektur%29#mediaviewer/File:Atrium_corinthicum.png, 18.02.2015

http://www.vroma.org/~bmcmanus/house_sources.html, 18.02.2015

http://de.wikipedia.org/wiki/Atrium_%28Architektur%29#mediaviewer/File:Atrium_tuscanicum.png, 18.02.2015

http://viamus.uni-goettingen.de/vd/4461/mjt.jpg, 18.02.2015

http://de.wikipedia.org/wiki/Theophrastos_von_Eresos, 18.02.2015